Bon GAETAN DE WISMES
SECRÉTAIRE-ADJOINT
DES BIBLIOPHILES BRETONS

CAPITATION
DE
CHATEAUBRIANT
EN 1783

COMMUNIQUÉE LE 15 SEPTEMBRE 1904
au Congrès de l'Association Bretonne
A CHATEAUBRIANT

SAINT-BRIEUC
IMPRIMERIE-LIBRAIRIE-LITHOGRAPHIE RENÉ PRUD'HOMME

1905

CAPITATION

DE

CHATEAUBRIANT

EN 1783

Bon GAËTAN DE WISMES

SECRÉTAIRE-ADJOINT

DES BIBLIOPHILES BRETONS

CAPITATION

DE

CHATEAUBRIANT

EN 1783

COMMUNIQUÉE LE 15 SEPTEMBRE 1904

au Congrès de l'Association Bretonne

A CHATEAUBRIANT

SAINT-BRIEUC

IMPRIMERIE-LIBRAIRIE-LITHOGRAPHIE RENÉ PRUD'HOMME

1905

CAPITATION

DE

CHATEAUBRIANT

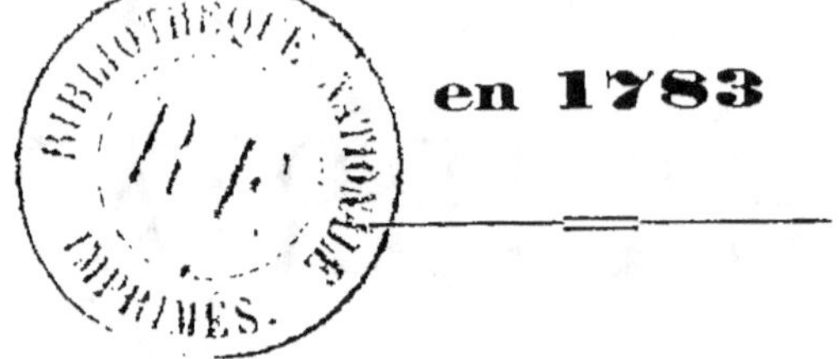

en 1783

Qu'était-ce que la capitation ? Comment était-elle perçue en Bretagne ?

A ces deux questions je me réserve de faire plus tard une copieuse réponse. Aujourd'hui je rappellerai en deux mots : que la capitation fut créée par Déclaration du Roi du 18 janvier 1695 dans le but de faire face aux dépenses de guerre ; que les contribuables étaient répartis en 22 classes et taxés depuis 1 livre jusqu'à 2.000 livres ; que notre province payait la capitation moyennant l'abonnement à une somme fixe ; que les Etats réunis à Nantes, en août 1701, répartirent les contribuables en 20 classes, taxées de 1 livre 10 sols à 1.500 livres ; que les villes de Bretagne étaient partagées en trois ordres (Châteaubriant était du troisième ordre) ; et enfin que *tous*, prêtres et nobles comme les autres, mais par rôles spéciaux, payaient la capitation ; les indigents, toutefois, n'y étaient pas astreints.

Certains contribuables jouissaient de l'*exemption de casernement* ; la taxe théorique était indiquée daus la colonne ordinaire, on la barrait et, à côté, on opérait la soustraction ; le reste était la somme réellement payée. J'ai fait, pour tous les exempts du présent rôle, le calcul de ce que représentait ce privilège : cela oscille entre 21,25 et 21,66, soit à peu près 21,50 %.

Le rôle qui fait l'objet de la présente publication est écrit, suivant le Mandement des Etats de Bretagne, sur papier commun non timbré.

Pour les dix premiers articles j'ai conservé la disposition du manuscrit ; puis j'ai placé les numéros d'ordre sur la même ligne que les noms et j'ai supprimé l'énonciation inutile de la somme payée qui est indiquée en chiffres dans la colonne à droite. J'ai gagné ainsi plus de 700 lignes, sans nuire à l'intérêt du document.

Les deux prénoms les plus usités sont Yvon et Victorien. Le premier s'explique de lui-même, c'est une forme locale d'Yves. Pour justifier le second, il suffit d'ouvrir (p. 460-468) le remarquable ouvrage de M. le chanoine Goudé : *Histoire de Châteaubriant Baronnie, Ville et Paroisse,* Rennes, Oberthur et fils, 1870. Je résume cette page si intéressante des annales religieuses de la petite cité. En 1684, l'abbé Luette, originaire de Châteaubriant, ancien recteur de Saint-Louis des Français à Rome et alors recteur de Sarzeau, donna à l'église où il avait reçu le baptême le corps entier de saint Victorien, martyr. La translation solennelle se fit en janvier 1686 ; plus de 20.000 personnes accoururent pour vénérer ce trésor insigne, et les guérisons miraculeuses se multiplièrent grâce à l'intervention de cette relique de haut prix.

Quelques surnoms se rencontrent, sans doute pour distinguer des homonymes : du Verger, du Buisson, du Bourg, des Châteaux, la Roze, la Rozée, la Violette, la Roche, l'Angevin, le Blond, Boncœur, Boisbriand, Boismari (1).

Certains contribuables portent le nom de localités avoisinantes : Nozay, Derval, Rougé, Saffré.

Comme noms encore honorablement connus, je trouve : Bauduz, Bruneau, Caris, Chauvière, Cheguillaume, Deluen, Desloges, Dorange, Fouché, Frangeul, Gautron, Geslin, Guibourd, Heurtault, Legouais (ou Legois), Lorieux, Malherbe, Maussion, Méaulle, Nidelais, Noury, Rabu, Salmon, Teillais, Yvon.

(1) Au sujet de ce prénom je soupçonne une erreur ; en effet, l'art. 495 porte : « Julien Rougeul, dit Boismari » et l'art. 506 porte : « La veuve de Julien Rougeul, dit Boismari ». Peut-être 495 est-il fils de 506 ? mais, contrairement à l'usage, ce n'est pas indiqué.

Voici la liste complète des noms à particule, en dehors, bien entendu, des huit articles de la noblesse : Arondel des Hayes, Baguet de la Rollandière, Ballais de la Buchetière, Ballais de la Hardouinière, Bernard de la Mollière, Bernard de la Tertrais, Bernard Dutreil (1), Besnier de la Plonnais, Besnier de la Touche, Boullé de Septvents, Brossais du Perray, de la Buffrais, Cathelinays de la Branchère, Cathelinays de la Mostière, Defermon des Chapellières, Delourmel de la Picardière, Derouin de la Clanchelière, Dubreil du Chastelier, Dupin de la Ferrière, Ernoul de la Chenelière, Ernoul de la Provôté, Fournier de Villecerf, Fremais de Lévin, Hochedé de la Guémerais, Hochedé de la Jûtaye, Hochedé de la Pinsonnais, Leroux de la Martinière, Leroy de la Mataudais, Lorette de la Chapelle, Lorette de la Ferronnière (2), Margat de la Plaizière, Normant de la Baguais, Pollier de la Bouvrais, Poulain de la Furtière, de Rennes (3), Rouvraye de la Harlière, Thuillier de la Coquerie, Vissault des Pantières, Yvon de la Buffraye.

Je remarque l'expression : fils Jean, fils Joseph, pour fils de Jean, fils de Joseph.

Les désignations : la veuve, la demoiselle veuve, la dame veuve, semblent employées indistinctement.

La taxe la plus faible est d'une livre et assez souvent elle s'applique à un groupe de personnes : art. 121 (une veuve et sa fille) ; 165 (une veuve et ses filles) ; 197 (une veuve et son fils maçon) ; 250 (fille et mère) ; 263 (mari et femme) ; 390 (veuve et enfants), etc.

Chaque serviteur ou compagnon habitant avec son maître paye une somme invariable de 1 livre 10 sols. Mais le compagnon qui réside chez lui est taxé à 1 livre, 2 livres, etc.

Les serviteurs des ecclésiastiques payent la taxe uniforme

(1) *Le Nobiliaire de Bretagne* de POL DE COURCY, nomme : « Bernard, s[r] du Teil : un sénéchal de Châteaubriant en 1780, anobli en 1814. » Or, l'art. 5 du rôle dit : Monsieur Bernard Dutreil, sénéchal de la baronnie de Châteaubriant. Il est à croire qu'il s'agit du même personnage.

(2) Les deux MM. Lorette de la Chapelle et de la Ferronnière étaient prêtres. Ils étaient, sans doute, parents de la veuve Lorette, directrice des postes (art. 239) et de Jean-François Lorette, greffier des traites et gabelles (art. 241).

(3) C'est le nom d'un jardinier (art. 362) : ne serait-ce pas un surnom ?

de 2 livres, mais, avec l'exemption de casernement, qui est de 8 sous 6 deniers, cette taxe est ramenée à 1 livre 11 sols 6 deniers.

Les serviteurs des nobles sont portés pour mémoire; c'est donc probablement par erreur que les deux domestiques des demoiselles de la Potterie figurent aussi sous l'art. 100 et y sont taxés à 3 livres.

Voici le relevé des taxes dépassant 8 livres :

160 livres : 1 personne (sans profession) — 147 l. : 1 (s. p.) — 136 l. : 1 (s. p.) — 120 l. : 1 (Intendant du Prince de Condé) — 100 l. : 1 (avocat-conseil du Prince) — 80 l. : 2 (1 s. p. 1 régisseur et receveur du Prince) — 60 l. : 1 (s. p.) — 50 l. : 1 (s. p.) — 45 l. : 1 (s. p.) — 40 l. : 1 (maître particulier et juge des chasses de la Maîtrise des eaux, bois et forêts de Châteaubriant) — 37 l. : 3 (Président des traites et gabelles. Echevin. Contrôleur ambulant) — 36 l. : 7 (Sénéchal de la Baronnie. Tanneur. 5 s. p.) — 35 l. : 1 (Directeur des devoirs) — 33 l. : 3 (Notaire et procureur. Aubergiste. S. p.) — 32 l. : 1 (procureur fiscal de la Baronnie) — 30 l. : 5 (2 marchands. 3 s. p.) — 28 l. : 1 (notaire et procureur) — 27 l. : 1 (meunier) — 25 l. : 3 (2 s. p. 1 commis de ville) — 24 l. : 4 (le Maire en exercice, avocat en Parlement. Le Procureur du Roi des traites et gabelles. 2 s. p.) — 22 l. : 1 (marchand-peigneur) — 21 l. : 2 (Aubergiste. Marchande) — 20 l : 1 (s. p.) — 18 l. 10 s. : 1 (métayère) — 18 l. : 9 (Avocat. Tanneur. Maître-sellier. 6 s. p.) — 17 l. : 2 (Contrôleur des cuirs. S. p.) — 16 l. : 10 (Médecin. Avocat. Notaire et procureur. Tanneur. Boulangère. Métayer. 2 marchandes. 2 s. p.) — 15 l. : 11 (Receveur général. Contrôleur de ville. Contrôleur des actes. Commis pour les cuirs. Maître en chirurgie. 4 métayers. 2 s. p.) — 14 l. : 11 (Boulanger. 10 métayers) — 13 l. : 4 (Notaire et procureur. Marchand-peigneur. 2 métayers) — 12 l. 10 s. : 2 (Commis aux écritures. Métayer) — 12 l. : 18 (Le lieutenant de la Baronnie. Le procureur syndic de la Communauté de Ville. Le garde des archives du Prince. Notaire et procureur. Maître-apothicaire. Marchande apothicaire. Maître-cordonnier. Aubergiste. Poëlier. Vitrier. 4 métayers. 4 s. p.) — 11 l. : 3 (2 métayers. S. p.) — 10 l. : 14 (Apothicaire. Marchand maître-peigneur. Maître-peigneur. Marchande peigneuse. Cordonnier. 2 marchands. 5 métayers.

2 s. p.) — 9 l. 10 s. : 2 (Fermier. S. p.) — 9 l. : 17 (2 marchands. Marchand peigneur. Marchand maître-peigneur. Maître-tanneur. Mégissier. Maréchal. 2 boulangers. 6 métayers. 2 s. p.)

Je crois utile de faire précéder le rôle de la répartition par professions des contribuables d'alors. Cette vue d'ensemble donnera idée de ce qu'était une petite ville à la fin du XVIIIe siècle. D'après le chanoine Goudé, la population de Châteaubriant s'élevait au chiffre de 3.325 en 1780 et de 3.875 en 1790 : on peut donc l'estimer à 3.500 environ en 1783. Il faut observer que beaucoup de contribuables n'ont pas de profession et que quelques-uns ont deux cordes à leur arc ; ainsi, on trouve des aubergistes qui sont tailleur, cordonnier, maçon, sabotier, etc., des cabaretiers qui sont boulanger, sabotier, etc., des jardiniers qui exercent le métier de blanchisseur, de tourneur, de peigneur ; un sergent est cordonnier ; le cumul le plus remarquable se trouve à l'art. 511 qui concerne à la fois un perruquier marchand de vin et sa fille coiffeuse et marchande.

Alimentation.

Tous en V(ille) sauf la meunière et le marchand de cochons à la C(ampagne).

MEUNIERS : 3 moulins dont 2 tenus par un H(omme) et 1 tenu par une F(emme) ; plus 4 domestiques et 2 valets ; soit, en tout : 9 personnes.

BOULANGERS : 20 maisons, dont 15 tenues par un H. et 5 par une F. ; plus 5 compagnons et 4 servantes ; soit, en tout : 29 personnes.

BOUCHERS : 7 maisons tenues par un H. ; plus 3 domestiques et 2 servantes ; soit, en tout : 12 personnes.

CHARCUTIER : 1 H. : 1 personne.

LARDIÈRES : 2 maisons dont 1 tenue par une F., et 1 tenue par deux F. ; soit, en tout : 3 personnes.

MARCHAND DE COCHONS : 1 H. : 1 personne.

POISSONNIER : 1 H. : 1 personne.

Marchand de fruits : 1 maison tenue par un H. et une F. : 2 personnes.

Cuisinière : 1 F. : 1 personne.

Marchand de vin : 1 H. : 1 personne.

Cabaretiers : 8 maisons, dont 6 tenues par un H., 1 tenue par une F., 1 tenue par H. et F. ; soit, en tout : 9 personnes.

Aubergistes : 19 maisons, dont 14 tenues par un H., 4 tenues par une F., 1 tenue par H. et F. ; plus 8 domestiques, 1 valet et 5 servantes ; soit, en tout : 34 personnes.

L'art. 230 désigne le sieur Lecomte, aubergiste au *Lion d'or*. Voici ce que dit M. le chanoine Goudé touchant cette hôtellerie : l'hôtel du *Lion d'or* appartenait à Mr et Mme Hochedé de la Pinsonnais ; cette maison, appelée d'abord : *Logis des Foulgerays*, n'était, en 1527, qu'une *gaste* et *mazure* ; elle avait appartenu à Geffroy Guischard qui l'avait vendue à Louis Béchenec, seigneur des Foulgerays, châtelain et serviteur de Jean de Laval. Le Logis des Foulgerays devint l'hôtellerie la plus renommée de la ville, sous le nom du *Lion d'or*, nom et destination qu'il a conservés jusqu'à nos jours.

Bâtisse et Mobilier.

(*Tous en V., sauf le tuillier à la C.*)

Maçons : 14 H. dont 4 maîtres-maçons et 10 maçons ; plus 5 compagnons ; soit, en tout : 19 personnes.

Charpentiers : 14 H. ; plus 6 compagnons ; soit, en tout : 20 personnes.

Couvreurs : 7 maisons, dont 6 tenues par un H. et 1 tenue par deux H. ; soit, en tout : 8 personnes.

Tuillier : 1 H. : 1 personne.

Menuisiers : 6 maisons, dont 5 tenues par un H., 1 tenue par 2 H. ; plus 2 compagnons ; soit, en tout : 9 personnes.

Serruriers : 4 H. ; plus 2 compagnons ; soit, en tout : 6 personnes.

Vitriers : 3 H. : 3 personnes.

TOURNEURS : 4 maisons, dont 3 tenues par un H. et 1 tenue par deux H. ; soit, en tout : 5 personnes.

CLOUTIERS (1) : 5 H., dont 3 maîtres-cloutiers et 2 cloutiers ; plus 12 compagnons et 1 servante ; soit, en tout : 18 personnes.

POELIERS : 3 H. : 3 personnes.

TONNELIER : 1 H. : 1 personne.

BOISSELIERS : 2 H. ; plus 2 compagnons ; soit, en tout : 4 personnes.

Habillement et Toilette.

(*Tous à la V., sauf un tailleur à la C.*)

TAILLEURS : 15 maisons, dont 8 tenues par des H. (1 maître-tailleur, 7 tailleurs) ; plus 2 compagnons ; et 10 tenues par des F. (3 maîtresses-tailleuses, 7 tailleuses) ; plus 1 compagnonne ; soit, en tout : 21 personnes.

CORDONNIERS : 17 H. (2 maîtres-cordonniers, 15 cordonniers) ; plus 1 compagnon et 1 garçon (2) cordonnier ; soit, en tout : 19 personnes.

SABOTIERS : 10 H. (2 maîtres-sabotiers, 8 sabotiers) ; plus 2 compagnons ; soit, en tout : 12 personnes.

CHAPELIERS : 3 H. (1 maître-chapelier, 2 chapeliers) ; plus 2 compagnons et 2 servantes ; soit, en tout : 7 personnes.

MARCHANDE DE TOILE : 1 F. : 1 personne.

MARCHANDS PEIGNEURS : 6 maisons, dont 5 tenues par un H. et 1 tenue par une F. ; soit, en tout : 6 personnes.

MARCHANDS MAITRES-PEIGNEURS : 4 H. : 4 personnes.

FRIPIÈRE : 1 F. ; 1 personne.

RAVAUDEUSE : 1 F. : 1 personne.

TEINTURIERS : 2 H. : 2 personnes.

(1) La proportion des *maîtres* est remarquable, ainsi que le nombre des *compagnons : douze* pour *cinq* patrons.

(2) « On appelle *garçons* chez les marchands et les artisans, et dans quelques autres professions, ceux qui servent à la boutique ou à leur aider à travailler jusqu'à ce qu'ils soient reçus Maîtres. » (*Dict. de Trévoux*, au mot *Garçon*.)

Lingères : 16 maisons, dont 14 tenues par une F., et 2 tenues par deux F. ; soit, en tout : 18 personnes.

Buandier : 1 H. : 1 personne.

Blanchissage : 7 maisons, dont 2 tenues par un H., 4 tenues par une F., 1 tenue par une F. et ses enfants ; plus 1 servante ; soit, en tout : 10 personnes.

Perruquiers : 6 H. (3 maîtres-perruquiers, 3 perruquiers) ; plus 2 compagnons et 1 servante ; soit, en tout : 9 personnes.

Coiffeuse : 1 F. : 1 personne.

Industrie.

(*Tous à la V., sauf un tisserand à la C.*)

Peigneurs : 31 H. (8 maîtres peigneurs et 23 peigneurs) ; plus 13 compagnons ; soit en tout : 44 personnes.

Cardeur : 1 H. : 1 personne.

Faiseur de peignes : 1 H. : 1 personne.

Sergers : 5 H. : 5 personnes.

M. le chanoine Goudé fournit d'amples et curieux renseignements sur ces deux classes d'industriels (*Hist. de Chât.*, pages 162-163 et 167-172) ; je dois les résumer le plus brièvement possible. De vastes landes, perdues pour l'agriculture, étaient la richesse des pauvres gens qui y faisaient paître de nombreux troupeaux de moutons presque noirs et très petits ; ces animaux étaient l'objet d'un commerce considérable et avaient fait naître une triple industrie : moulins à foulon, sergers, peigneurs de laine. Les sergers étaient riches vu la consommation prodigieuse de la serge. Quant au peignage, il occupait tant de bras que tout ouvrier abordant un ami d'une profession quelconque le saluait de ce bonjour original : *Comment peignes-tu ?*

Dès 1630, les sergers avaient formé une confrérie sous l'invocation de la Sainte Vierge.

En 1678, les peigneurs en formèrent une autre et choisirent saint Blaise, évêque et martyr, pour leur patron, *comme ayant été égratigné et déchiré avec des peignes de fer dans son martyre*. Cette pieuse association portait aux processions un cierge colossal connu sous le nom de « la torche ». La confrérie de Saint-Blaise demeura prospère jusqu'en 1792.

TANNEURS : 6 H. (1 maître-tanneur, 5 tanneurs) ; plus 4 compagnons et 4 servantes ; soit, en tout : 10 personnes.

MARCHAND-TANNEUR : 1 H. : 1 personne.

MÉGISSIER : 1 H. : 1 personne.

« Châteaubriant, lisons-nous dans l'*Histoire de Châteaubriant* (p. 177-178), est connu depuis longtemps par ses tanneries, corroieries et mégisseries. La supériorité de ses produits les a fait rechercher et cette industrie a procuré les plus beaux bénéfices. »

CHAMOISEURS : 2 H. : 2 personnes.

TISSERANDS : 16 H. (1 maître tisserand, 15 tisserands) : 16 personnes.

Professions diverses.

(*Tous à la V.*)

MARÉCHAUX : 11 H. ; plus 5 compagnons ; soit, en tout : 16 personnes.

MARÉCHAUX TAILLANDIERS : 3 H. ; plus 2 compagnons ; soit, en tout, 5 personnes.

SELLIERS : 4 H. (2 maîtres selliers, 2 selliers) ; plus 1 compagnon et 1 servante ; soit, en tout : 6 personnes.

ARMURIER : 1 H : 1 personne.

ARQUEBUSIERS : 2 H. : 2 personnes.

COUTELIERS : 2 H. : 2 personnes.

BUCHEURS : 2 H. : 2 personnes.

JARDINIERS : 8 H. (1 maître jardinier, 7 jardiniers) ; soit, en tout : 8 personnes.

MARCHAND LIBRAIRE : 1 H. : 1 personne.

DÉBITANTS DE TABAC : 6 maisons, dont 3 tenues par un H. et 3 tenues par une F. ; plus 1 servante ; soit, en tout : 7 personnes.

RAPEUR DE TABAC : 1 H. : 1 personne.

Sacristain : 1 H. : 1 personne.
Directrice du bureau des postes : 1 F. : 1 personne.

Voyages.

(*Tous à la V., sauf le postillon à la C.*)

Marchand voiturier : 1 H. : 1 personne.
Messager d'Ancenis : 1 H. : 1 personne.
Messager de Rennes : 1 H. : 1 personne.
Postillon : 1 H. : 1 personne.

Marchands.

(*Tous à la V.*)

Marchands : 16 ; plus 1 compagnon, 1 garçon et 3 servantes ; soit, en tout : 21 personnes.

Marchandes : 25 ; plus 4 servantes ; soit, en tout : 29 personnes.

Que faut-il entendre par ce terme de marchand ? La question est discutable. On a souvent désigné ainsi des personnes ne faisant rien, de véritables bourgeois. Mais j'estime qu'ici marchand, sauf peut-être quelques articles, veut dire commerçant ; j'appuie mon dire sur plusieurs motifs : 1° Si quelques marchands (art. 82 et 101 : 30 livres ; 391 : 10 livres ; 115 : 8 livres, etc.) et marchandes (art. 232 : 21 livres ; 73 et 219 : 16 livres ; 492 : 10 livres, etc.) payent des taxes élevées, la plupart payent 2, 3, 4, etc. livres, ce qui ne semble pas révéler une grosse situation. — 2° De nombreux marchands exercent des professions bien humbles (voiturier, tanneur, perruquier, peigneur, cordonnier, etc.) pour être regardés comme des bourgeois. — 3° Nous trouvons des compagnons et un garçon marchands ; cela n'est-il pas la preuve que nous sommes en présence de gens de métier ?

Culture.

Métayers (à la V.) : 2 H. ; 1 F. ; ; 1 F. et ses enfants ; plus 2 domestiques ; soit, en tout : 8 personnes.

Métayers (à la C.) : 62 H. ; 5 F. ; plus 52 domestiques, 11 servantes et 2 valets ; soit, en tout : 132 personnes.

Fermiers (à la V.) : 4 H. ; 1 F. ; plus 2 domestiques ; soit, en tout : 7 personnes.

Fermiers (à la C.) : 13 H. ; 3 F. ; plus 1 domestique et 4 servantes ; soit, en tout : 21 personnes.

Journaliers.

(A la V.) : 34 H. ; 11 F. ; soit, en tout : 45 personnes.
(A la C.) : 10 H. ; 1 F. ; soit, en tout : 11 personnes.

Serviteurs chez les Particuliers.

Domestiques : 74
Servantes : 61 } Soit, en tout : 139 personnes.
Valets : 4

Les domestiques sont tous par 2 ou 3 ; on en trouve même 4 chez Mme Dubois Adam et 6 chez M. Gardin du Boisdulier.

Les servantes, au contraire, sont toutes par unité, sauf chez M. Frémais de Lévin, ancien maire, chez Mme Loget et chez M. Brossais, avocat, qui ont chacun 2 servantes.

Santé.

(*Tous à la V.*)

Médecin : 1 H. : 1 personne.

Maitre en chirurgie : 1 H. : 1 personne.

Chirurgien : 1 H. : 1 personne.

Apothicaires : 3 H. (2 maîtres-apothicaires, 1 apothicaire) ; plus 2 servantes ; soit, en tout : 5 personnes.

Marchand apothicaire : 1 F. ; plus 1 servante ; soit, en tout : 2 personnes.

Instruction.

Maitres d'école : 2 H. : 2 personnes.

Maitresses d'école : 2 F. : 2 personnes.

Maitresse de pension : 1 F. : 1 personne.

Ecole charitable : 1 F. : 1 personne.

M. le chanoine Goudé a consacré (pages 491-497) un chapitre émouvant à l'histoire de cette noble fondation de l'*Ecole charitable*, due, en 1716, à la générosité de M. l'abbé Legrand qui, pendant 10 ans, fut régent du collège de Châteaubriant. Notre rôle va nous permettre de rectifier une erreur, aussi légère que compréhensible, de M. Goudé : Melle Leray de la Mataudais, dit-il, qui dirigea, seule, l'Ecole charitable de 1720 à 1764, fut contrainte alors par l'âge et les infirmités de s'adjoindre une digne compagne, Madeleine Préau. Melle de la Mataudais dirigea la maison de charité certainement jusqu'en 1789, c'est à dire pendant 69 ans ! L'art. 550 du rôle porte : la demoiselle Préault, de l'Ecole charitable, et l'art. 549 porte simplement : la demoiselle Leroy de la Mataudais. Cette dernière avait donc abandonné cette charge trop lourde, mais elle habitait toujours auprès de son cher établissement, peut-être même avec Melle Préault.

Baronnie.

(Article 1) Intendant de S. A. S. Mgr le Prince de Condé — (2) Avocat-conseil du Prince — (3) Régisseur et receveur du Prince — (10) Garde des archives du Prince — (161 et 454)

Gardes du Prince — (4) Maître particulier et juge des chasses de la Maîtrise des eaux, bois et forêts de Châteaubriant — (5) Sénéchal de la Baronnie et Lieutenant de la Maîtrise — (6) Lieutenant de la Baronnie, Correspondant et Procureur fiscal de la Maîtrise — (8) Procureur fiscal de la Baronnie — (12) Sergent à garde de la Maîtrise — (216) Garde de la Maîtrise — (241) Greffier de la Maîtrise — (444) Greffier de la Baronnie — (470) Alloué de la Baronnie — (283) Notaire et Procureur *de* la Baronnie — (278 et 343) Notaire et Procureur *en* la Baronnie — (443) Concierge — (429) Fermier de la Prévôté — (560) Contrôleur des actes — (35, 274, 328, 337 et 476) Sergents — (430) Huissier audiencier — (85 et 271) Huissiers royaux — (397) Recors — (9, 70, 162, 227, 266 et 468) Notaires et Procureurs — (7, 425, 445 et 459) Avocats.

« Henri, II du nom, duc de Montmorency et amiral de France, Baron de Châteaubriant, fut décapité en 1632. Par suite de cette triste fin, la baronnie passa dans la Maison de Condé, Henri, II du nom, Prince de Condé, ayant épousé Charlotte de Montmorency. Louis, V du nom, prince de Condé, baron de Châteaubriant en 1740, émigra en 1789 (1). »

« Le personnel de la justice se composait d'un sénéchal ou président, de l'alloué, du lieutenant du procureur fiscal, du notaire de la Baronnie, du greffier et des sergents. La police était exercée par le procureur fiscal. Un commis-greffier, un huissier-audiencier complétaient le tribunal.

« D'un aveu rendu en 1786 au Prince de Condé, il appert qu'il avait droit de maîtrise, droit de police, prévôté, etc. (2). »

Traites et gabelles.

(Art. 194) Président des traites et gabelles — (286) Procureur du Roi des traites et gabelles — (241) Greffier des traites et gabelles.

(1) Goudé : *Hist. de Chât.*, p. 98-99.
(2) Id. : p. 210-211.

Employés aux devoirs.

(Art. 732) Directeur des devoirs — (733) Contrôleur ambulant — (734) Receveur général — (735) Contrôleur de ville — (736) Commis aux écritures — (737) Commis à la Direction de l'eau-de-vie et à la marque des cuirs — (738) Deux commis de ville — (739) Contrôleur des cuirs — (740) Commis pour les cuirs.

Communauté de Ville.

(Art. 283) Procureur syndic de la Communauté de Ville — (468) Echevin — (473) Echevin — (459) Maire.

CAPITATION
DE LA
VILLE DE CHATEAUBRIANT
ET PAROISSE
de Saint Jean de Béré
Pour l'année 1783

Entré au Bureau de la Com^{on} à Nantes, le 6 X^{bre} 1783

Projet du Rolle de la Capitation

Et des autres impositions qui y sont réunies, de la Ville de Châteaubriant et paroisse de Saint Jean de Béré, pour la présente année 1783, montant au total à la somme de 5438 l. 2 s. 6 d.

Noms des contribuables, leurs professions, et les sommes qu'ils doivent payer.	Taxes.	
Article premier.	l.	s.
Exempt de casernement : Monsieur Fournier de Villecerf, Intendant de S. A. S. Monseigneur le Prince de Condé, cent vingt livres, cy........	120	»
120 Cas^t 25 19 R. 94 1		
Trois domestiques quatre livres dix sols, cy.....	4	10
2.		
Monsieur Jousselin et enfans, avocat-conseil de S. A. S. Monseigneur le Prince de Condé, cent livres, cy......................................	100	»
Deux domestiques trois livres, cy..............	3	»
3.		
Exempt de casernement : Monsieur Lefebvre, régisseur et receveur de S. A. S. Monseigneur le Prince de Condé, quatre-vingt livres, cy.............	80	»
80 Cas^t 17 5 9 R. 62 14 3		
Trois domestiques quatre livres dix sols, cy.....	4	10

4.

	l.	s.
Exempt de casernement : Monsieur Poulain de la Furtière, maître particulier et juge des chasses de la maîtrise des eaux, bois et forêts de Châteaubriand, quarante livres, cy	40	»
40 Cas[t] 8 13 3 R. 31 6 9		
Deux domestiques trois livres, cy	3	»

5.

Exempt de casernement : Monsieur Bernard Dutreil, Sénéchal de la Baronnie de Châteaubriand et lieutenant de la Maîtrise, trente-six livres, cy	36	»
36 Cas[t] 7 16 R. 28 4		
Deux domestiques trois livres, cy	3	»

6.

Exempt de casernement : Monsieur Ernoul de la Chenelière, lieutenant de la Baronnie de Châteaubriand, Correspondant et procureur fiscal de la maîtrise, douze livres, cy	12	»
12 Cas[t] 2 12 R. 9 8		
Deux domestiques trois livres, cy	3	»

7.

Monsieur Méaulle, avocat, six livres, cy	6	»

8.

Exempt de casernement : Monsieur Cotelle, procureur fiscal de la Baronnie de Châteaubriand, et enfants, trente-deux livres, cy	32	»
32 Cas[t] 6 18 6 R. 25 1 6		
Deux domestiques trois livres, cy	3	»

9.

		l.	s.
	Me Louis Bauduz, Notaire et procureur, douze livres, cy	12	»

10.

	Le Sr Rebillard, Garde des Archives de S. A. S. Monseigneur le Prince de Condé, douze livres cy	12	»
11 —	La veuve et enfans de Pierre Barbier, dit la Rivière	2	»
12 —	Pierre Gallicier, sergent à garde de la maîtrise.	4	»
13 —	Nicolas Robert et enfants avec lui demeurants..	3	»

Porte Saint Michel, et Grande Ruë.

14 —	Françoise Houx	1	»
15 —	Guillaume Even, maître menuisier	1	»
16 —	Le nommé Perdreau, aubergiste	2	10
17 —	Louis Briand, marchand-maître-peigneur	13	»
18 —	La Veron	1	»
19 —	Pierre Moreau, charpentier	1	10
20 —	Le nommé Colson, jardinier	3	»
21 —	Le nommé Primaud, peigneur	1	10
22 —	Jean Gézard, peigneur	3	»
23 —	André Esnault, dit laviolette	1	10
24 —	La veuve Robert, blanchisseuse	1	»
25 —	La veuve de Julien Gallais père, peigneur	1	10
26 —	La Malnoë, lingère,	1	10
27 —	Le Sr René Peuriot, mégissier	9	»
28 —	Le Sr Ambroise Peuriot, fils, chamoiseur	3	»
29 —	La veuve Esnault	1	10
30 —	La veuve Yvon, marchande	3	»
31 —	Joseph Aubin, compagnon peigneur	1	»
32 —	François Grandin, maître-maçon	4	»
33 —	Louis Buron, maître-cordonnier	6	»
34 —	La veuve de Pierre Hamon et sa fille	1	10
35 —	René Salmon, sergent	2	»

		l.	s.
36 —	Le nommé Commandeur, tourneur	2	»
37 —	Louis Ronzerai, peigneur	1	10
38 —	Louis Gautier, cardeur	1	10
39 —	Jacques Lefeuvre, charpentier	3	»
40 —	Pierre Moizon, compagnon maçon	1	»
41 —	Louis Mûlon, journallier	1	10
42 —	La veuve de Toussaint Carpentier	2	»
43 —	Jean Briand, compagnon taneur	1	10
44 —	Pierre Saget, dit Boisbriand, et son fils marié, peigneur	1	10
45 —	Louis Frangeul, tisserand	1	10
46 —	Charles Monnier, armurier, et Marie Monnier sa femme, marchande	1	10
47 —	La veuve de François Geslin fils, boucher	2	»
48 —	Philippe Perriere, serrurier	1	»
49 —	Jean Hallé, journallier	1	10
50 —	René Robert, compagnon peigneur	1	10
51 —	Louis Aubin, cordonnier	1	10
52 —	Jean Grandin, boulanger	8	15
53 —	Le sieur Pierre Derval, de la Faroullais	17	»
54 —	La veuve et enfans de François Cocault, dit Duverger, maître-peigneur	7	10
55 —	Victorien Carpentier, boulanger	3	»
56 —	La veuve Briand, marchande, et enfans	3	»
57 —	François Gallais, peigneur	2	»
58 —	Pierre Moucharont, serger	1	10
59 —	Mathurin Colin, peigneur	1	10
60 —	Jean Bazille, maréchal	1	»
61 —	Marie Dugas, veuve, cuisinière	1	»
62 —	René Bellanger	1	»
63 —	Mademoiselle Boullé de Septvents	6	»
	Une servante	1	10
64 —	Mademoiselle Ernoul de la Provôté	10	»
	Une servante	1	10
65 —	La veuve de Pierre Desloges, vitrier	3	»
66 —	La demoiselle Rabu	2	»
	Une servante	1	10
67 —	Monsieur Hochédé de la Pinsonnais	136	»
	Deux domestiques	3	»

		l.	s.
68 —	Monsieur Normant de la Baguais	147	»
	Une servante	1	10
69 —	La veuve et enfans de Jean Baptiste Geffraux	7	»
	Un valet	1	10
70 —	Maître Marc Pollier de la Bouvrais, notaire et procureur, et les filles de ses premier et second mariages	28	»
	Une servante	1	10
71 —	Pierre Chevillard, boulanger	9	»
72 —	Pierre Juhet, serrurier	4	»
	Deux compagnons	3	»
73 —	La demoiselle Fouché, marchande	16	»
	Une servante	1	10
74 —	Julien Morissault, sellier	6	10
	Un compagnon	1	10
75 —	Laurent Tardivel, aubergiste	7	»
	Une servante	1	10
76 —	Anne Coltet, maîtresse tailleuse	1	»
77 —	Louis Guimené, boulanger	14	»
	Une servante	1	10
	Et un compagnon	1	10
78 —	Julienne Aubin, marchande	2	»
79 —	La veuve de Jean Boisseau, et une de ses filles, marchandes	4	»
80 —	La veuve d'Etienne Lambert et sa fille	18	»
	Deux domestiques	3	»
81 —	La Picard, veuve Derval, et enfans	16	»
82 —	Le sieur Jean Piffard, marchand	30	»
	Une servante	1	10
83 —	Le sieur Hochédé, de la Jûtaye	36	»
84 —	La Chevillard, veuve Hervé, boulangère	3	»
85 —	Maître René Daniel, huissier royal	3	»
86 —	Etienne Peuriot fils, maître perruquier	3	»
87 —	Jean Gautron, maître cloutier	5	»
	Deux compagnons	3	»
88 —	Jean Prodhomme, marchand et débitant de tabac	7	»
89 —	Pierre Prodhomme, marchand-maître peigneur	9	»
90 —	Charles Lemaître, maréchal	1	10
91 —	Le sieur Pierre Lemetayer, dit Dubourg, vitrier	12	»

		l.	s.
92 —	La demoiselle veuve Pitrault et enfans	11	»
	Une servante	1	10
93 —	La veuve Salmon, boulangère, et sa fille	16	»
94 —	Louis Montagné, tailleur d'habits	2	»
	Un compagnon	1	10
95 —	Le nommé Cadoret, cloutier	3	»
96 —	La veuve de Denis-Eloy David	1	»
97 —	Jean Poinsard, boulanger	3	»
98 —	Etienne Moizon, maître tailleur d'habits	6	»
99 —	La veuve Guilloux, lardière	1	10
100 —	Les deux domestiques des demoiselles de la Poterie	3	»
101 —	Le sieur Pierre Gautron, marchand	30	»
	Une servante	1	10
102 —	Demoiselle Michelle Gautron	8	»
103 —	François Geslin, père, boucher	1	»
104 —	Jean Lardeux, dit Leblond, maître sabottier	2	10
105 —	René Mercier, peigneur	1	10
106 —	Jean Robert, maçon	2	»
107 —	Julien Yron, cordonnier	2	»
108 —	Pierre Carpentier, maître-peigneur	8	»
109 —	Julien Blais, aussi peigneur	3	»
110 —	Jacques Luzeau, maître charpentier	2	»
	Deux compagnons	3	»

Ruë de Rigalle.

		l.	s.
111 —	Pierre Gourdon, meûnier de la Torche, Coueré et Choisel	27	»
	Quatre domestiques	6	»
112 —	Le sieur Pierre Deluen, maître taneur	9	»
	Une servante	1	10
113 —	La veuve du sieur René Jean Guibourd et les enfans de son second mariage	18	»
	Une servante	1	10
114 —	Le sieur Bruneau, maître apoticaire	12	»
	Une servante	1	10
115 —	Le sieur Jean Pecot, marchand	8	»
116 —	Jean Freûton, maître maçon	3	»

N°	Nom	l.	s.
117	— Paul Boucher, marchand	3	»
118	— Jean Douët, journallier	1	10
119	— François Prodhomme, peigneur	2	»
120	— Pierre Riallan, maître cordonnier	12	»
121	— La veuve Phelipaud, et sa fille lingère	1	»
122	— Nicolas Augeard, et son frère, menuisiers	2	»
123	— Joseph Hervé père, menuisier	1	10
	Un compagnon	1	10
124	— La veuve Eveillard	1	»
125	— Pierre Gentilhomme, faiseur de peignes	1	10
126	— Yvonne Moreau, compagnonne tailleuse	1	»
127	— Pierre Robert, cordonnier	1	10
128	— Les deux demoiselles Feret, sœurs	2	»
129	— Jean Hervé, menuisier	1	10
130	— Jean Carpentier, peigneur	6	»
131	— François Dupont, maçon	2	»
132	— Pierre Lefeuvre, charpentier	3	»
133	— Marie Gautron, veuve Chevillard, marchande	7	»
134	— Julien Gallais, maître peigneur	4	»
135	— Claude Tuleau, marchand-peigneur	8	»
136	— Paul Teillais, marchand-maître peigneur	10	»
137	— Monsieur Fremais, de Lévin, ancien maire	18	»
	Deux servantes	3	»
138	— La demoiselle Ballais, veuve Jouneaulx	5	»
139	— Michel Bomaulx, maître d'école	4	»
140	— Julien Lemaistre, maréchal	4	»

Basses ruës et Tourne Bride.

N°	Nom	l.	s.
141	— Jean Grandin, journallier	1	»
142	— Pierre Hogrel, maçon	1	10
143	— La vve Hamon, blanchisseuse, et ses filles, lingères	3	»
144	— La veuve du sieur Large, chirurgien	6	»
145	— La femme de Charles Grandin, boulangère	2	»
146	— Pierre Geslin, boucher	1	10
	Une servante	1	10
147	— Pierre Marion, boucher	1	10
	Une servante	1	10

		l.	s.
148	— Jean-Baptiste Leroy, serrurier	2	»
149	— Le sieur Louis Piffard	5	»
150	— Jean Aubin, boucher	5	»
151	— Le nommé Bouteillé, sabottier	1	10
152	— Le sieur Louis Joseph Baguet de la Rollandière et ses enfans mineurs	60	»
	Deux domestiques	3	»
	Anne Marie Rogeron	2	»
153	— Françoise et Jeanne Salmon, journalières	1	»
154	— Michelle Letort, journalière	1	»
155	— La veuve Moreau	1	»
156	— La femme de Jean Baptiste Perraulx, marchande de toille	2	»
157	— Michel Emery, poissonnier	1	10
158	— Laurent Perraulx, aubergiste	3	»
	Une servante	1	10
159	— Jean Pasquier, sabottier	1	10
160	— La veuve Perraulx, aubergiste	12	»
	Une servante	1	10
161	— Jean David, garde de S. A. S. le Prince de Condé et boulanger	2	»
162	— Maître Michel Cathelinays de la Branchère, notaire et procureur	13	»
	Une servante	1	10

Ruë des Dosd'ânes.

		l.	s.
163	— Jacques Chevé, compagnon peigneur	1	»
164	— Pierre Primaud père, journalier	1	10
165	— La veuve de Jean Salmon, et ses filles, journalières	1	»
166	— René Pouteau, tisserand	1	»
167	— Pierre Mûlon, journalier	1	10
168	— Jean Buron, compagnon peigneur	1	»
169	— Paul Guiheneuc, journalier	1	»
170	— René Gautron, peigneur	2	»
171	— La veuve Joly, journalière	1	»
172	— La veuve de Jean Mercier, dit Dubuisson, ravaudeuse	1	10

Porte et fauxbourg de la Torche.

		l.	s.
173 —	Le sieur Etienne Lambert, marchand-taneur...	4	10
174 —	Julien Tiennerot et femme....................	6	»
175 —	Clement Robert, maître maçon, et la Morissaulx, sa femme, fille du premier mariage de la femme dudit Tiennerot avec feû Mathieu Morissaulx.	3	10
176 —	L'épouse du sieur Maussion, cavallier de la Maréchaussée, pour son bien....................	4	»
	Une servante..............................	1	10
177 —	René Ballû, fermier........................	6	10
178 —	François Carpentier, couvreur................	2	»
179 —	Pierre Colet, tisserand......................	2	»
180 —	La veuve d'Antoine Valantin, aubergiste.......	6	»
	Deux domestiques...	3	»
181 —	Le nommé Pasquier, compagnon charpentier ..	1	10
182 —	Jean Poulain père, maréchal..................	5	»
183 —	Julien Denieul, maître charpentier............	3	»
184 —	Olivrier (*sic*) Grellier, tisserand...............	2	»
185 —	La veuve Bautier et son fils, journallière	1	10
186 —	René Guerin, compagnon peigneur..............	2	»
187 —	Jean Poulain fils, maréchal..................	3	»
	Deux compagnons............................	3	»
188 —	Joseph Malherbe, tisserand..................	2	»
189 —	François Bouzamy	1	»
190 —	Le nommé Dupont, metayer à Belêtre..........	13	»
191 —	Jean André et la Gautier, sa femme, fermiers à la Maison Brûlée..........................	5	»
192 —	Jean Grandin, blanchisseur	2	»
193 —	La veuve de Jean Colin et sa brû, blanchisseuses..................................	2	»
	Une servante	1	10

Faux Bourg St-Michel.

	l.	s.
Exempt de casernement : 194 — Monsieur Loüard, président des traites et gabelles.............	37	»

		l.	s.
	37		
	Cas[t] 8 3		
	R. 28 19 9		
	Deux domestiques	3	»
195	— Pierre Hubert, compagnon peigneur	1	»
196	— Victorien Rigault, maçon	3	»
197	— La veuve de Jean Basset et son fils, compagnon maçon	1	»
198	— Pierre Colet, tisserand	1	»
199	— Jean Chauvière, tisserand	1	»
200	— Renée Guibert, veuve d'Yves Lubert, lingère, et Pierre Lubert, son fils, maître tisserand, demeurant avec elle	2	»
201	— Louis Chauvière, tisserand	1	»
202	— Pierre Guiheneuc, journallier	1	»
203	— Le nommé Carabin, compagnon maçon	1	»
204	— Jean Bautier, compagnon maçon	1	»
205	— Julien Poirier	1	»
206	— François Dutample, tourneur, et la Rougé, sa femme	1	»
207	— Nicolas Gourhand, blanchisseur et jardinier	3	»
208	— Pierre Bouvier, compagnon peigneur	1	»
209	— Le nommé Dermaillé, journalier	1	»
210	— Pierre Moron, compagnon maçon	1	»
211	— Le nommé Gilet, journallier	1	»
212	— Jeanne Luard, journallière	1	»
213	— François Bobillon, cidevant métayer et présentement journallier	1	»
214	— La veuve de René Veron, métayère à la Porte du Parc, et ses enfans non mariés	7	»
215	— Pierre Adron, métayer à Chescheux	9	»

Quartier de Coüéré.

		l.	s.
216	— Jean Claude Bouvier, garde de la maîtrise et marchand	3	»
217	— Le sieur Besnier de la Touche fils, apoticaire	10	»
	Une servante	1	10

		l.	s.
218 —	Nicolas David, marchand	4	»
219 —	Les demoiselles Esnault, marchandes	16	»
220 —	La demoiselle Roul, marchand apoticaire	12	»
	Une servante	1	10
221 —	Madame veuve de la Chenelière Ernoul	20	»
	Une servante	1	10
222 —	La veuve de Pierre Yvon, marchande peigneuse	10	»
223 —	La demoiselle Freullet, veuve Pitrault	15	»
	Une servante	1	10
224 —	Jeanne Yron, lingère	1	10
Exempte de casernement : 225 —	Marie Luce, servante du sieur Lorette de la Chapelle, prêtre.	2	»
	2		
	Cas[t] 8 6		
	R. 1 11 6		
226 —	René Moride, chapelier	5	»
	Une servante	1	10
227 —	Me Victorien Augeard, notaire et procureur	5	»
228 —	Anne Derouët, marchande	2	»
229 —	Anne Bourgine, lingère	1	10
230 —	Le sieur Lecomte, aubergiste au Lion d'or	21	»
	Deux domestiques	3	»
231 —	La veuve Bigeon et Aubin son gendre, boulanger	2	»
232 —	La veuve du sieur Charruaud, marchande	21	»
	Une servante	1	10
233 —	La demoiselle Leroux de la Martinière	25	»
	Une servante	1	10
234 —	La fille du second mariage de feu M. Delourmel de la Picardière	8	»
235 —	Louis Yron, perruquier	5	»
	Une servante	1	10
236 —	Le sieur Thuillier de la Coquerie	36	»
	Et une servante	1	10
237 —	La demoiselle Yron de la Buffraye	12	»
	Une servante	1	10
238 —	La demoiselle veuve du sieur Besnier de la Plonnais et enfans	3	»
239 —	La demoiselle veuve Lorette, directrice du		

		l.	s.
	Bureau des postes, à raison de trois deniers pour livre...........................	2	10
	Exempte de casernement : Ladite demoiselle Lorette, pour son bien...........................	16	»
	16		
	Cast 3 9 3		
	R. 12 10 9		
	Et pour une servante...........................	1	10
240	— Les enfans de ladite demoiselle Lorette, non mariés et demeurants avec elle, sans états, à cause de leur bien...........................	8	»
241	— Maître Jean François Lorette, greffier des traites et gabelles et de la maîtrise...........................	8	»
242	— Mathieu Augeard fils, vitrier...........................	4	»
243	— Jean Lemur, chaircutier...........................	3	»
244	— Pierre Salmon, marchand peigneur et aubergiste...........................	6	»
245	— La veuve Menet et ses enfans, boulangers.....	5	»
246	— Joseph Orhand, journalier...........................	1	»
247	— Pierre Hervé, boulanger...........................	8	»
	Une servante...........................	1	10
248	— Jean Buron, boulanger et cabarettier..........	5	»
249	— Victorien Derouet, marchand...........................	2	»
250	— Roze Bricard et sa mère...........................	1	»
251	— Pierre Lemaître, maréchal...........................	2	»
252	— Charles Lefou, buandier...........................	1	»
253	— Jean Langouet, cordonnier...........................	1	»
254	— Michel Gleclel, dit Boncœur...........................	1	»
255	— Marie Bouestel, lingère...........................	2	»
256	— Anne Bouestel, Maîtresse d'Ecole...............	2	»
257	— Nicolas Derouet, maître peigneur...............	5	»
258	— Marie Luce, veuve Gougeon, debitante de tabac	2	»
259	— Louis Fouché, serrurier...........................	2	»
260	— Anne Fouché, lingère...........................	1	»
261	— Robert Blais, dit Montigné, marchand maître peigneur...........................	3	»
262	— François L'Ecuyer, sabotier...........................	1	»
263	— Le nommé Noury et femme, marchands de fruicts	1	»
264	— Julien Voiton, maître cloutier...........................	4	»

		l.	s.
	Et quatre compagnons	6	»
265	— François Menet, marchand	7	10
266	— Monsieur Bernard de la Tertrais, notaire et procureur	33	»
	Une servante	1	10
267	— Jean Lorand, maître peigneur	2	»
268	— Le sieur Beaumont, teinturier	4	»
269	— Le s^r Halnault, médecin	16	»
270	— Demoiselle Sainte Maussion	10	»
	Une servante	1	10
271	— Le sieur Massiquot Dervaux, huissier royal	5	»
272	— La veuve Tardy, lingère	1	10
273	— Olivier Guerin, compagnon peigneur	1	»
274	— Jean Chevallier, sergent	2	»
275	— La demoiselle Derouin de la Clanchelière	18	»
	Et une servante	1	10
276	— Le nommé Perdreau et la Mazurier, sa femme, frippière	6	»
277	— Le nommé Nizon, marchand	3	»
278	— Monsieur Cathelinais, de la Mostière, notaire et procureur en la Baronnie	16	»
	Et une servante	1	10
279	— La demoiselle veuve Cathelinais et sa sœur	4	»
280	— Jean Yron, boulanger	3	»
281	— Les sieur et demoiselles Dupin de la Ferrière	36	»
	Deux domestiques	3	»
282	— La demoiselle Ballais de la Buchetière	18	»
	Et une servante	1	10
Non exemt, il y a un Maire, art. 459. 283	— M. Dubois, notaire et procureur de la baronnie et procureur Sindic de la Communauté de Ville	12	»
	Une servante	1	10
284	— La demoiselle Arondel Deshayes	3	»
285	— La demoiselle Duverger, marchande	2	»
Exempt de casernement 286	— Monsieur Bimont, procureur du Roi des traites et gabelles	24	»

	l.	s.
	24	
Cas^t	5	4
R.	18	16

		l.	s.
	Deux domestiques	3	»
287 —	Anne Derval	9	»
	Une servante	1	10
288 —	La demoiselle Dauffy fille, demeurant chez la demoiselle Derval	1	10
289 —	François Geslin, cordonnier	2	»
290 —	François Prodhomme, compagnon peigneur	2	»
291 —	La dame veuve Loget	24	»
	Deux servantes	3	»
292 —	Pierre Clabaud, peigneur	1	10
293 —	La Roze, compagnon charpentier	1	»
294 —	La veuve Saint Berge	3	»
295 —	Les deux demoiselles Delapicardière	8	»
	Et une servante	1	10
296 —	Le sieur Charrier, maître sellier	6	»
297 —	Le sieur Philippe Laumaillé, orfèvre	5	»
298 —	Jean Maheu, boucher	4	»
	Deux domestiques	3	»
299 —	René Dupré, chapelier et sa sœur	3	»
	Un compagnon	1	10
Exempte de casernement 300 —	La servante du sieur Lorette de la Ferronnière, prestre	2	»

2

Cas^t 8 6

R. 1 11 6

301 —	Marguerite Colleau, lingère	1	»
302 —	La veuve Lorieux, marchande	3	»
303 —	Les enfans de Pierre Ricoul	3	»
304 —	Anne Geffraux, marchande	2	10
305 —	Pierre David, boulanger	9	»
	Un compagnon et une servante	3	»

Basses ruës de Coüéré.

306 —	Anne Salmon, tailleuse	1	10
307 —	Françoise André et sa nièce	1	10
308 —	Sulpice Lemaître, maréchal	2	»

		l.	s.
309 —	Jean Salmon et Anselme Boüestel, sa femme, maîtresse d'Ecole	4	»
310 —	Anne Cocault	3	»
311 —	Les trois demoiselles Denieul	4	10
312 —	Etienne Dorange fils, poëlier	1	»
313 —	La veuve du sieur Pierre Monnier et sa fille	2	»
314 —	Louise et Catherinne Dorange, lardières	4	»
315 —	La demoiselle Marchand, tailleuse	2	»
316 —	Victorien Besnier, peigneur	9	»
317 —	Le sieur Poupot	30	»
	Trois domestiques	4	10
318 —	La demoiselle Poupot	4	»
319 —	Les enfans de deffunt Julien Lemaître, maréchal	2	»
320 —	René Suzinot, journallier	1	»

Le Boulevard.

		l.	s.
321 —	Le sieur Baguet de la Rolandière fils, taneur	4	»
	Une servante	1	10
322 —	Le sieur Jean Monnier, taneur	16	»
	Un compagnon et une servante	3	»
323 —	Maurille Barillaud, aubergiste	2	»
324 —	Michel Besnier, marchand-peigneur	13	»
325 —	Jacques Chevallier, tailleur d'habits	2	»
326 —	Le sieur Pierre Augeard, maître peigneur	10	»
327 —	Le sieur Nicolas Augeard, marchand peigneur	22	»
328 —	Jambu, sergent et cordonnier	1	10
329 —	Paul Jambu, journallier	1	10
330 —	Pierre Monnier fils François, compagnon taneur	2	»
331 —	François Robert, maçon	3	»
332 —	Pierre Derval, maréchal	1	»
333 —	Jean Aubin, compagnon peigneur	1	»
334 —	Anne Paladin	9	10
335 —	Joseph Renié, peigneur	1	»
336 —	François Poinson, peigneur	1	10
337 —	René Jochault, sergent	1	»
338 —	François André, teinturier	2	10

Faux Bourg de Coüéré.

		l.	s.
339	— La veuve et enfans du sieur Jean Maussion....	2	»
340	— Le sieur Garraud, taneur........................	3	»
341	— Le sieur Gomeriel..................................	3	»
	Une servante..	1	10
342	— Le sieur Lejeune..................................	15	»
	Une servante..	1	10
343	— M. Ballais, notaire et procureur en la Baronnie de Châteaubriant................................	4	»
344	— Le nommé Baudy, menuisier, marié avec la Gripail..	1	10
	Un compagnon......................................	1	10
345	— La veuve de René Gautron......................	1	10
346	— Pierre Gueury, compagnon peigneur............	1	10
347	— La demoiselle veuve Guerin......................	33	»
	Une servante..	1	10
348	— Le sieur Pierre Guerin, taneur..................	36	»
	Une servante..	1	10
349	— Le sieur François Monnier, taneur.............	18	»
	Une servante..	1	10
350	— Joseph Ronzeray, marchand-peigneur...........	9	»
351	— La veuve Palierne..................................	3	»
352	— Le sieur Ballais de la Hardouinière	36	»
	Une servante..	1	10
353	— Les filles de la veuve Jouneaulx	4	»
354	— Le sieur Margat de la Plaizière	24	»
	Deux domestiques..................................	3	»
355	— Pierre Yvon, taneur..............................	1	10
356	— François Yvon, peigneur.........................	3	»
357	— Etiennette et Michelle Yron, sœurs.............	6	»
358	— Victorien Yron, veuf de la veuve Genet, demeurant avec lesdites Yron ses sœurs............	9	»
359	— La veuve de François Sinoir, serger, et sa sœur demeurante avec elle...........................	2	»
360	— Jeanne Besnier....................................	1	10
361	— Marie Bordier, demeurante avec ladite Besnier, journalière..	1	»

	l.	s
362 — De Rennes, jardinier et peigneur................	3	»
363 — Jean Robert, peigneur..........................	2	»
364 — Mathieu Augeard, couvreur......................	6	»
365 — Vincente Luette, veuve Robert..................	2	»
Exempte de casernement 366 — Jeanne Bobet, servante de la Trinité..........................	2	»
2		
Cast 8 6		
R. 1 11 6		
Exempts de casernement 367 — Trois autres domestiques de la Trinité..........................	6	»
6		
Cast 1 6		
R. 4 14		
368 — Julien Lanoë, peigneur.........................	1	»
369 — La veuve André, lingère........................	1	10
370 — Pierre Rainfray et sa sœur tailleuse...........	4	»
371 — La veuve de Joseph Aubin.......................	5	»
372 — Jean Lâne, peigneur............................	2	»
373 — La veuve de Louis Saget et enfans..............	2	»
374 — Pierre Hamon, serger...........................	4	»
375 — La demoiselle Monnier, fille de Pierre.........	3	»
376 — Le sieur Monnier, son frère....................	6	»
377 — Julien Yvon, maître peigneur...................	3	»
378 — François Bourasseau, tisserand.................	1	»
379 — Jean Georget, jardinier et journalier..........	1	10
380 — Pierre Poulain, compagnon peigneur.............	1	10
381 — Les demoiselles Launay.........................	4	»
382 — La demoiselle de la Buffrais...................	12	»
Une servante..................................	1	10
383 — Pierre Bourdaud, maître peigneur...............	1	10

Chesne Cholet.

384 — Jacques Tesnerel, journallier..................	1	»
385 — Jean Hervochon, maréchal taillandier...........	2	»
Un compagnon..................................	1	10

		l.	s.
386 —	Louis André, sacristain	2	»
387 —	Victorien Fouché, compagnon taneur	1	10

Bourg de Beré.

388 —	Jeanne Bremont fille, journallière	1	»
389 —	Simon Saliot, meûnier du moulin de Beré	6	»
390 —	La veuve et enfans de feû Mathurin Jambu, charpentier	1	»
391 —	Louis David, marchand	10	»
392 —	Jacques David, messager d'Ancenis	3	»
393 —	Louis David fils, marchand	3	»
394 —	Jacques Blais, maréchal et taillandier	2	»
	Et un compagnon	1	10
395 —	François Dauffoüy, aubergiste	3	»
396 —	Pierre Fouché, journalier	1	»
397 —	Michel Chevallier, journallier et record	1	»
398 —	Julien Goyer, journalier	1	»
399 —	François Genet, aubergiste	2	»
400 —	Pierre Ledevin, journallier	1	»
401 —	Jean Desvaux, fermier de la Miotterie	9	10
	Deux domestiques	3	»
402 —	François Hamon, serger	2	»
403 —	Julien Granglot, journallier	1	»
404 —	François Lanoë, tisserand	1	»
405 —	Le nommé Morvant, couvreur	2	»
406 —	Julien Menet, journallier	1	»
407 —	Julien Vignal, serger	1	10
408 —	Jean Hougron, journallier	1	»
409 —	La veuve Marin, journallière	1	»
410 —	Julien Briand, journallier	1	»
411 —	Michel Poirier, aubergiste et sabottier	3	»
412 —	Pierre André, journallier	1	»
413 —	Jean Bourdaud fils, journallier	1	10
414 —	Pierre Bourdaud, journalier	1	10
415 —	Etienne Denieul, maçon	1	»
416 —	Pierre Gaudin, marchand voiturier	1	10
417 —	Martin Hamon, serger, demeurant à St-Sauveur.	3	»

		l.	s.
418 —	Marie Derouin, metayère à La Grange.........	18	10
	Deux domestiques..............................	3	»
Exempts de casernement 419 —	Les trois domestiques de Monsieur le doyen........................	6	»
	6		
	Cas^t 1 6		
	R. 4 14		

Quartier de St Nicolas.

420 —	La demoiselle Rouvraye de la Harlière, demeurante chez M. de la Pilorgerie...............	2	»
421 —	Mathurin Mercier, dit Dubuisson.................	1	»
422 —	Julien Suzinot, fermier..........................	2	»
423 —	Le nommé Bouteillé, compagnon taneur........	1	»
424 —	Le Sr Guerin, maître en chirurgie...............	15	»
	Une servante....................................	1	10
425 —	Monsieur Brossais, avocat........................	18	»
	Deux servantes..................................	3	»
426 —	La demoiselle Brossais Duperray................	3	»
427 —	La demoiselle Deroüin...........................	10	»
	Une servante....................................	1	10
428 —	Le sieur Victorien Barbarin......................	12	»
	Une servante....................................	1	10
429 —	Pierre Davy, dit Deschâteaux, tailleur d'habits et fermier de la prévosté........................	8	»
	Un compagnon...................................	1	10
430 —	Le S^r La Noë, huissier audiencier...............	4	»
431 —	Victorien Lorand, charpentier.....................	3	»
432 —	Jean-Claude Voiton, débitant de tabac..........	3	»
433 —	La veuve de Jean Bongrain, marchande........	2	»
434 —	Jean Baptiste Bouestel, perruquier et marchand	5	»
	Un compagnon...................................	1	10
435 —	François Hurel, aubergiste.......................	3	»
436 —	François Geffraux, marchand.....................	6	»
	Une servante....................................	1	10
437 —	Le sieur Bernard de la Mollière et la demoiselle Bernard sa sœur............................	45	»
	Une servante....................................	1	10

		l.	s.
438 —	La veuve et enfans de Me Louis Bernard, notaire et procureur..............................	25	»
	Une servante..	1	10
439 —	Jean Gabory, dit Langevin, marchand et messager de Rennes..................................	8	»
	Deux domestiques..................................	3	»
440 —	La veuve Melois....................................	6	»
441 —	Le nommé Fauchet, maître sabottier...........	4	»
	Deux compagnons..................................	3	»
442 —	Les enfans de Noël Riallan, tourneurs.........	5	»
443 —	François Poinçon, concierge.....................	2	»
444 —	Mr Bernard de la Tertrais fils, greffier de la Baronnie..	8	»
445 —	Monsieur de la Provôté, avocat..................	16	»
	Une servante..	1	10
446 —	Le sieur Victorien Besnier........................	30	»
	La demoiselle Bouetrel, demeurante chez ledit sieur Besnier...	2	»
	Une servante..	1	10
447 —	Pierre Luce, cordonnier............................	2	»
448 —	La veuve de Julien Galier, marchande.........	6	»
	Une servante..	1	10
449 —	Pierre Lorieux, marchand.........................	7	»
	Un compagnon..	1	10
450 —	La veuve de Jullien Yvon boulanger...........	6	»
	Une servante..	1	10
	Un compagnon..	1	10
451 —	Joseph Salmon, boulanger.........................	8	»
452 —	Julien Lecocq, marchand...........................	5	»
453 —	Le nommé Fournier, boulanger, et la Geslin, sa femme...	3	»
	Un compagnon..	1	10
454 —	Le sieur Charles Nihard, garde de S. A. S. Monseigneur le prince de Condé et aubergiste	8	»
455 —	Maître François Lemaître, et une servante.....	3	»
456 —	La veuve et enfans de Mathurin Luce..........	2	»
457 —	Allain Cuzon, arquebusier.........................	3	»
458 —	Michelle Besnier, journallière, demeurante chez ledit Cuzon...	1	»

l. s.

Exempt de casernement 459 — Monsieur Vissault des Pantières, avocat en Parlement et Maire en exercice de la Ville et Communauté de Châteaubriand .... 24 »

24
Cas[t] 5 4
R. 18 16

Deux domestiques .... 3 »

460 — La demoiselle Hunault .... 2 »

461 — La veuve Deniau et enfans 1 10

462 — Le sieur Besnier de la Touche veuf, maître apoticaire .... 2 »

Exempte de casernement 463 — La servante de Mr Fouchier, prêtre .... 2 »

2
Cas[t] 8 6
R. 1 11 6

464 — Julien Frangeul, jardinier .... 3 »

465 — Pierre Grandin, maître maçon et aubergiste .... 3 »

466 — La dame veuve Dubreil du Chastelier .... 160 »

Deux domestiques .... 3 »

467 — La dame veuve Bernard Dutreil et la demoiselle Dutreil sa fille .... 50 »

Une servante 1 10

Exempt de casernement 468 — Monsieur Delourmel de la Picardière, notaire et procureur, echevin en exercice .... 5 »

5
Cas[t] 1 1 6
R. 3 18 6

469 — La dame Bontems à cause de son bien et pour une servante .... 7 »

470 — Les enfans non mariés de feu Monsieur Defermon des Chapellières, alloüé de la Baronie.. 30 »

Un valet et une servante .... 3 »

471 — François Letort, maçon .... 6 »

472 — Le sieur François Peuriot, maître perruquier.. 3 »

Exempt de casernement 473 — Monsieur Bain, Echevin en exercice et enfans .... 37 »

37
Cast 8 3
R. 28 19 9

		l.	s.
	Une servante	1	10
474	— Monsieur Hochedé	36	»
475	— La femme du sieur Jean Paty	5	»
476	— René Crochet, sergent	1	»
477	— Le nommé Lafleur, bucheur	1	»
478	— Le nommé Nivelot, marchand	3	»
479	— Julien Juhel, maréchal	3	»
480	— Françoise Cadorel, aubergiste	33	»
	Deux domestiques	3	»
481	— Victorien Aubin, cordonnier, fils de Victorien	2	»
482	— La demoiselle Besnier de la Touche, fille	4	10
	Une servante	1	10
483	— Le nommé Langevin, cabarettier	2	»
484	— Pierre Martin, cordonnier	2	»
485	— Jean Dermaillé, maçon	3	10
486	— Le nommé Dermaillé son fils, cordonnier, à présent marié à Marie Aubin	2	»
487	— Poinçon, débitant de tabac	3	»
488	— Pierre Augeard, cordonnier	1	»
	Et sa nièce la Bedelet	1	»
489	— La demoiselle veuve Dubot et sa fille	3	»
490	— Louis Derval, maréchal	9	»
	Trois compagnons	4	10
491	— La veuve de Julien Juhel, marchande	6	»
492	— Anne Châtelier, marchande	10	»
493	— La veuve de Claude Yron, boulangère	1	10
494	— Antoine Augeard, chamoiseur	6	»
495	— Julien Rougeul, dit Boismari, sellier	5	»
496	— Charles Chauvière, tisserand	2	»
497	— Guillaume Lorieux, marchand et peigneur	6	»
498	— Etienne Dorange, poëlier	2	»
499	— La veuve Sanson, et son fils peigneur	8	»
500	— Jeanne Tanguion et sa nièce, marchandes	2	10
501	— Le sieur Silvestre Guiet, maître sellier	18	»
	Une servante	1	10
502	— Pierre Dorange, boisselier	6	»

		l.	s.
	Deux compagnons	3	»
503 —	François Bordier, boisselier	4	»
504 —	Jean Vernet, coutelier, et son frère	2	»
505 —	Jean Voiton, maître cloûtier	8	»
	Deux compagnons	3	»
506 —	La veuve de Julien Rougeul, dit Boismari, débitante de tabac	5	»
	Une servante	1	10
507 —	Les deux filles Dorange, marchandes et lingères	4	»
508 —	Le nommé Chauvin, bucheur	1	»
509 —	Julien Brochard, menuisier	3	»
	Un compagnon	1	10
510 —	Alexandre Garraud, arquebusier	3	»
511 —	Louis Peuriot, maître perruquier et marchand de vin, et sa fille coeffeuse et marchande, avec lui demeurante	5	»
	Un compagnon et une servante	3	»
512 —	Les enfans de la veuve Paladin, marchands	9	»
513 —	Les deux demoiselles Chéguillaume, maîtresses tailleuses, demeurantes avec lesdits enfans Paladin	3	»
514 —	Victorien Aubin père, cordonnier	1	»
515 —	Victorien Maheu, boucher	4	10
	Un domestique	1	10
516 —	La demoiselle Guiet	5	»
517 —	Le sieur Jamain, chirurgien	4	»
	Une servante	1	10
518 —	Jean Anger, dit la Roze, poëlier	12	»
519 —	Etienne Aubin, maitre perruquier et marchand.	3	»
520 —	Les deux filles Boüétel, tailleuses	4	»
521 —	La demoiselle Anne Bongrain, marchande	9	»
522 —	Anne Desloges, marchande	3	»
523 —	Jean Geslin, marchand et cordonnier	10	»
524 —	Perrine Rougé, marchande	3	»
525 —	Perrine Rougé, lingère, demeurante avec laditte Rougé sa tante	1	10
526 —	Etiennette Yron, lingère	1	10
527 —	Le nommé Dubuisson, garçon marchand	1	»
528 —	La veuve d'Etienne Peuriot, maitresse de pension	1	»

		l.	s.
529 —	Le sieur Silvestre Guiet	1	»
530 —	Colson Roze, maître jardinier	2	10
531 —	La veuve et enfans du sieur Hochedé de la Guémerais	80	»
	Trois domestiques	4	10
532 —	La veuve Gautier, marchande	2	»
	Une servante	1	10
533 —	Julien Gautron, boulanger	2	»
534 —	Julien Gautron fils, vitrier, marié avec Michelle Gautier	3	»
535 —	Les filles dudit Gautron, tailleuses	4	»
536 —	Le nommé Lefeuvre, marchand	3	»
537 —	Pierre Doret, tailleur d'habits	2	»
538 —	Jean Desloges, garçon cordonnier	1	10
539 —	Le nommé Boullé, marchand-libraire	5	»
540 —	René Desbois, cloûtier	4	»
	Trois compagnons et une servante	6	»
541 —	Joseph Geslin, boucher	1	10
542 —	La veuve Hubert	1	»
543 —	François Briand, compagnon peigneur	1	»

Champ de foire et faux Bourg de la Barre.

544 —	François Vimont, maître chapellier	3	»
	Un compagnon et une servante	3	»
545 —	Nicolas Ravain, couvreur	1	»
546 —	Le nommé Moreau, cabarettier	2	»
547 —	La demoiselle veuve Heurtault, débitante de tabac	2	»
548 —	La veuve de Jacques Caris	7	»
549 —	La demoiselle Leroy de la Mataudais	12	»
	Une servante	1	10
550 —	La demoiselle Préault, de l'Ecole Charitable	2	»
551 —	Nicolas Poirier, cabarettier et sabottier	4	»
552 —	La veuve Dousset, dite la Roche, cabarettière	6	»
553 —	La veuve Poirier, et enfans non mariés	3	»
554 —	La veuve de Louis Chasseloup et ses enfans non mariés	1	»

		l.	s.
555	— Perrine Luce fille	1	10
556	— Marie Houx, lingère	1	»
557	— Le sieur Miclard, dit Bansière, maître d'Ecole.	2	»
558	— Guillaume Poinsard, tailleur d'habits	1	»
559	— Victorien Gaudebeuf, charpentier	3	»
560	— Le sieur Bongrain, controlleur des actes, et pour son bien	15	»
561	— La veuve Gripail et sa fille non mariée	1	10
562	— Victorien Gripail, charpentier	1	»
563	— Pierre Chotard, compagnon cloutier	2	»
564	— La veuve de Gilles Lorand, aubergiste, et sa sœur	3	»
	Une servante	1	10
565	— Louis Chevillard, maréchal	4	»
566	— Jacques Saffré, maréchal taillandier	2	»
567	— Jean Luce, couvreur	2	»
568	— Vincent Chauvière, tisserand	2	»
569	— Jean et Victorien Ravain, couvreurs	3	»
570	— Le nommé Bricet, tisserand	1	»
571	— Pierre Poirier, sabottier et cabarettier	4	»
572	— Pierre Coulier, tourneur et jardinier	2	10
573	— Jean Gautron fils de Georges	3	»
574	— Nicolas Guerin, maçon	1	»
575	— La nommée Mignot	1	»
576	— Flipault, compagnon charpentier	1	»
577	— Jean Hory, marchand	4	»
578	— Georges Lanoë, journalier	1	10
579	— Le nommé Blondin, tonnelier	1	10
580	— Les enfans de la veuve Hervochon	1	10
581	— Duchêne, compagnon charpentier	1	10
582	— La veuve Grellier et enfans	1	»
583	— Pierre Chauvin, peigneur	1	»
584	— Jacques Bretagne, journalier	1	»
585	— Michel Delaunay, journallier	2	»
586	— Jean Veron, journalier	2	»
587	— La veuve Boudet, et ses enfants, blanchisseurs	1	»
588	— François Denis, tisserand	1	»
589	— Jean Delaunay, journallier	1	»
590	— Pierre Luce, charpentier	1	10
591	— La veuve Hubert	1	»

		l.	s.
592	— Pierre Bonnier, dit la rozée, sabottier	1	»
593	— Jean Gourin, marié à Louise Luce	2	10
594	— Pierre Eluere, journallier	1	»
595	— Jacques Gaudebeuf, charpentier	3	»
596	— Victorien Aubin et la Jeusset sa femme, aubergistes et cordonnier	3	»
	Un compagnon, un valet et une servante	4	10
597	— Pierre Bégaud, maçon	1	»
598	— Glain, charpentier	3	»
599	— La veuve de François Besnier et son fils marié, charpentier	6	»
600	— Hyacinthe Daniel, charpentier	3	10
601	— Jean Roux, peigneur	1	»
602	— Mathurin Catel, cordonnier	1	10
603	— Laurent Faucheux	3	»
604	— Jean Gaudin, cabarettier	2	»
605	— Jean Genie, menuisier	3	»
606	— Jeanne Miclard, ditte Bansière, fille	1	10
607	— Boivin, sabottier	2	»
608	— La veuve de Pierre Luce et sa fille veuve Lecomte, blanchisseuses	2	»
609	— Louis Barbelivient, charpentier	1	10
610	— Jean Baptiste Caris, compagnon boulanger	1	»
611	— Pierre Geslin, aubergiste	6	»
	Deux domestiques	3	»
612	— La veuve Poulain	3	»
613	— Julien Prince, couvreur	1	»
614	— Le nommé Robert, jardinier, demeurant dans la tonnelle près le Ré du Cèdre	1	10
615	— Mathurin Forestier, aubergiste et tailleur d'habits	3	»
616	— Julien Geffraux, râpeur de tabac	1	»
617	— Le nommé Peslerbe, journallier	1	»
618	— Le nommé Guillot, marié à la Gézard, cabarettiers et marchands	1	10
619	— La veuve de Pierre Lorand, lingère	1	»
620	— La veuve Maunoir et sa fille, journallières	1	»
621	— Joseph Augeard	3	»

CAMPAGNES

		l.	s.
622 —	Jean Gautier du Bourgerard	18	»
	Deux valets et une servante	4	10
623 —	Julien Ledevin, metayer à la Caillerie	12	»
	Et René Peslerbe gendre dudit Ledevin	2	»
624 —	Le nommé Jean Brizard fils Jean, metayer à la Muloche	12	»
	Deux domestiques	3	»
625 —	Louis Pelicot, metayer à la Cochonnais	15	»
	Deux domestiques	3	»
626 —	Jacques Ergand, metayer au Pasbesnier	9	»
	Et le nommé Louis Perrault son gendre avec lui demeurant	2	»
	Une servante	1	10
627 —	Le nommé Dupont, metayer à présent au Boisrobert	3	»
628 —	François Colin, metayer au Boisaunay	15	»
	Un domestique	1	10
629 —	Jean Hubert, metayer à la Buffrais	14	»
	Une servante	1	10
630 —	François Lecomte, metayer à la Jarretière	12	»
	Deux domestiques	3	»
631 —	François Roux, metayer à la Confordière	4	»
	Deux domestiques	3	»

Haute et Basselayes.

		l.	s.
632 —	François Poulain, metayer à la Basselaye	4	»
	Une servante	1	10
633 —	Pierre Menet, à la Basselaye, journalier	1	»
634 —	Pierre Duriau, metayer à la Hautelaye	6	»
	Un domestique	1	10
635 —	Mathieu Frangeul, dudit lieu	1	10

Haute et Basse Baguais.

	l.	s.
636 — Jacques Balû, metayer à la Basse Baguais....	14	»
Deux domestiques..............................	3	»
637 — Gabriel Desloriers, metayer à Haute Basse Baguais et thuillier..............................	3	10
Deux domestiques..............................	3	»
638 — La veuve de Mathurin Le Bossé, fermière......	2	»
639 — Pierre Trovalet, dudit lieu....................	1	10
640 — Pierre Chevallier, tailleur d'habits............	1	10
641 — François Besnier, metayer aux Rivières.......	4	»
642 — Bertrand Courtois, metayer à Choisel..........	14	»
643 — Jacques Balû, metayer à la Borderie...........	14	»
Deux domestiques..............................	3	»
644 — Michel Lebossé, dans la ferme de la Borderie, appartenante aux religieux de la Trinité.....	8	»
Une servante..................................	1	10
645 — Nicolas Forichet, metayer à la Borderie.......	14	»
Deux domestiques..............................	3	»

La Chevalerie.

	l.	s.
646 — Barthelemy Renault, metayer audit lieu.......	9	»
Un domestique..................................	1	10
647 — Pierre Bonzeray, metayer à la Haute Chevalerie..................................	10	»
Une servante..................................	1	10

La Villemarie.

	l.	s.
648 — Pierre Bremont, fermier et tisserand..........	2	»
649 — Jean Nozay, journalier.......................	1	10
650 — René Hubert, dans son bien..................	5	»
651 — La veuve de Jacques Malo, fermière...........	4	»
652 — Joseph Lefeuvre, journalier..................	1	10
653 — La veuve de René Malo, fermière.............	3	»
Un domestique..................................	1	10

		l.	s.
654	— Julien Bourdaud, fermier	4	»
655	— René Nozay, gendre dudit Bourdaud	1	»
656	— La veuve et enfans de René Thommery	4	»
	Une servante	1	10
657	— Julien Guibert, fermier	6	»
	Deux servantes	3	»
658	— Jean Caharel, metayer des heritiers de la dame de la Goyère, audit lieu de la Villemarie	6	»
	Une servante	1	10
659	— La veuve de François Renault, cidevant metayère à la Haute Baguais	2	»
660	— Mathurin Riot, metayer à la Galissonnière	14	»
	Deux domestiques	3	»
661	— La veuve de Pierre Cocault, metayère à la Pesardière	16	»
	Deux domestiques	3	»
662	— Joseph Cônard, metayer à la Rousselière	12	10
	Deux domestiques	3	»
663	— Pierre et Jean Chaze, metayers à Saint André	15	»
	Deux domestiques	3	»

Lesnardais.

664	— Julien Alix, marchand de cochons	2	»
665	— La veuve et enfans de Paul Legois	1	»
666	— René Bremont, fermier	2	»
667	— François Urvoy, dans son bien et fermier	2	»
668	— Jean Riou, dans son bien	3	»
669	— René André, fermier	2	»
670	— Pierre Leray, dans son bien	3	»
671	— Michel Legouais, metayer au Marais	11	»
	Un domestique	1	10

La Geslinais.

672	— René Robert, metayer à la Geslinaye	13	»

Le Jarrier.

		l.	s.
673 —	Jean Perrault, metayer audit lieu.............	10	»
	Un domestique...........................	1	10

Les Cohardières.

674 —	René Nidelais, fermier......................	1	»
675 —	François Hervé, fermier.....................	1	»

La Gohoraye.

676 —	La veuve de Joseph Butaut, metayère	8	»
	Deux domestiques..........................	3	»

Les Fougerays.

677 —	Le nommé Gerard, metayer à la Porte.........	14	»
	Un domestique.............................	1	10
678 —	René Legois, metayer aux Hauts Fougerays...	11	»
	Deux domestiques..........................	3	»
679 —	Loüis Butaud fils Joseph, en la place de François Bobillon, metayer aux Petits Fougerays..	4	»
	Deux domestiques..........................	3	»
680 —	Michel Pointeau, metayer à la Fayère..........	14	»
	Deux domestiques..........................	3	»
681 —	Pierre Frangeul, metayer à Launay Prieur....	14	»
	Deux domestiques..........................	3	»
	Et François Langlois, gendre dudit Frangeul ..	2	10
682 —	Pierre Marion, metayer aux Briotays..........	4	»
	Un domestique.............................	1	10
683 —	Le nommé Clement, metayer à l'Aubinais, et la veuve Grippail sa sœur avec lui..............	8	»
	Une servante..............................	1	10

La Ferrière.

	l.	s.
684 — Le nommé Doueteau, metayer	6	»
685 — Julien Poirier père, metayer	5	»

Le Tertreoiseau, Le Bignon Et Chanteloup.

	l.	s.
686 — La veuve de Jean Bobillon, metayère au Tertreoiseau	6	»
687 — Jean Bernard, metayer au Bignon	2	»
688 — Julien Poirier, metayer au Bignon	1	10
689 — La veuve de François Bernard, metayère à Chanteloup	10	»
Un valet et une servante	3	»

La Jandelaye.

	l.	s.
690 — Jean Derouin, metayer	10	»
691 — François Leroy, metayer	5	»
692 — Jean Noury, metayer	4	»
693 — François Menet, fermier et journalier	1	10

La Corbinaye.

	l.	s.
694 — Pierre Orhand, metayer	8	»
Une servante	1	10
695 — François Veron, metayer	4	»
Deux domestiques	3	»
696 — Pierre Hellier, fermier	5	»
697 — Et Jean Hellier son fils marié, demeurant avec lui.	2	»
698 — François Hurel, dans son bien	3	»
Une servante	1	10
699 — Jean Robert, dans son bien	3	»
700 — Jacquette Barat, veuve de Jean Robert fils, ensemble demeurants dans leur bien	2	»

		l.	s.
701 —	Mathurin Chazé, journallier	1	»
702 —	René Gadubert, journalier	1	»

La Brüère.

		l.	s.
703 —	Pierre Guerchais, metayer	4	»
	Un valet	1	10
704 —	François Barbier fils Joseph, en son bien	2	»
	Une servante	1	10
705 —	François Charron et sa sœur, enfants de Julien, dans leur bien	4	10
706 —	Ledit François Charron, comme postillon	2	»
707 —	Louis Fromentin	2	»
708 —	La veuve d'Etienne Charron, dans son bien	2	»
709 —	Michel Doüé, dans son bien	1	»
	Et Françoise Charron avec lui demeurant	1	»
710 —	René La Rousse, journallier	1	10
711 —	Juliene Briand, fille de Julien, journallière	1	»
712 —	Jacques Durand, metayer à la Bricaudière	12	»
	Deux domestiques	3	»
713 —	François Balû, metayer à la Mercerie	10	»
	Deux domestiques	3	»
714 —	Jean Châtelain, metayer à la Goupillère	14	»
	Deux domestiques	3	»

Le Moulin-Neuf.

		l.	s.
715 —	Guillaume Barat, metayer	9	»
716 —	Pierre Dupré	2	»
	Une servante	1	10
717 —	Pierre Brizard, dans son bien	1	»
	Une servante	1	10
718 —	Pierre Hurel, metayer	4	»
	Deux domestiques	3	»
719 —	Jean et François Durand, metayers	9	»
	Une servante	1	10
720 —	François Charron, fermier et dans son bien	2	10

		l.	s.
	Une servante	1	10
721 —	Julien Eveillard, journallier	1	10
722 —	La veuve Marsollier, meûnière au moulin du Boisbriand	2	»
	Deux valets	3	»
723 —	Pierre David, metayer à la Maloraye	15	»
724 —	René Jânot, metayer à la Rouaudière	9	»
	Une servante	1	10
	Et Jean André son gendre	1	10
725 —	Mathurin Marchand, metayer à la Trebregeais.	5	»
726 —	Augustin Letort, metayer à la Porte du Boisbriand	15	»
	Une servante	1	10
	Et François Letort, fils dudit Augustin, marié et avec lui demeurant	2	»
727 —	René Letort, en la retenuë du Boisbriand	1	10

Haute et Basseaudais.

728 —	Martin Letaneux, journalier	1	»
729 —	François Legois, fermier	2	»
730 —	François Lelievre, journalier	1	»
731 —	Pierre Gaudin, metayer à la Haute Audais	7	»
	Un domestique	1	10

Chapitre de MM. les Employés aux devoirs.

732 —	Le Directeur des devoirs, pour son employ	35	»
	Trois domestiques	4	10
733 —	Le Controlleur ambulant	37	»
734 —	Le Receveur général	15	»
735 —	Le Controlleur de ville	15	»
	Exempt de casernement : Pour son bien et celui de sa femme	7	10

7 10
Cas[t] 1 12 6
R. 5 17 6

	l.	s.
Une servante....................................	1	10
736 — Le sieur Delourmel de la Picardière, commis aux écritures....................................	12	10
Exempt de casernement : Ledit sieur Delourmel, pour son bien....................................	5	»

5
Cast 1 1 6

R. 3 18 6

737 — Le Commis à la direction de l'eau-de-vie et à la marque des cuirs....................................	6	»
738 — Deux Commis de Ville....................................	25	»
739 — Le sieur Boissier, Controlleur des cuirs.........	17	»
740 — Le sieur..... Commis pour les cuirs............	15	»

Chapitre de MM. De la Noblesse de la ville de Châteaubriand Et paroisse de Saint Jean de Beré.

1 — Madame veuve Dubois Adam, cy................
Quatre domestiques, cy..........................
2 — Monsieur Luette de la Pilorgerie, Correcteur à la Chambre des Comptes à Nantes, cy.........
Trois domestiques, cy...........................
3 — Monsieur Desnoës, décoré de la Croix de Saint Louis, avec pension, cy.........................
Deux domestiques, cy............................
4 — Les quatre demoiselles du Boispean sœurs, cy..
Deux domestiques, cy............................
5 — Monsieur Duhamel de la Bothelière, cy..........
Trois domestiques, cy...........................
6 — Monsieur Gardin du Boisdulier, cy..............
Six domestiques, cy.............................
7 — Monsieur de Classé, son frère, cy..............
Trois domestiques, cy...........................
8 — Les demoiselles Potterie, cy...................
Deux domestiques, cy............................

La 2de expedon faite le 12 mars 1784 et envoyée le 14 s. le C.

EVÊCHÉ DE NANTES

VILLE DE CHATEAUBRIAND

Capitation et autres impositions y jointes
Année 1783

Le Role monte à 5340 l. 1 s. 3 d. scavoir :

Capon 3292 l. 4 s. 6 d. y compris 20 l. 1 s. 1 d. dont les M. Valleries dans le Compte de 1781 se sont trouvées excéder la soe destinée à y faire face et deduction faite de 10 l. 18 s. 7 d. pour le peu imposé en la de année, cy		3292 l.	4 s.	6 d.
Milice		859	2	3
Cazt 1085 l. 14 s. 6 d. deduction faite de 107 l. 3 s. 9 d. pour les cottes des exempts portées en marge du présent role pour memoire seulement cy		1085	14	6
Frais de Milice				
Avances des Marguilliers	44 l.	103		
Salaire de la Marchaussée	5			
Remplacement des 3 l. par homme de nouvelle levée	54			
		5340 l.	1 s.	3 d.
Payement du Projet de rôle		10 l.		
Taxation du Receveur				
3 d. p. L. sur la Capon		41 l.	3 s.	
4 d. p. L. en dedans — sur la Milice		13	12	8 d.
4 d. p. L. en dedans — sur le Cazt		17	4	8

Le Role exécutoire arrêté le 30 Xbre 1783.